글 김해우

2009년 단편 동화 〈일곱 발 열아홉 발〉로 제8회 푸른문학상 새로운 작가상을, 2013년 장편 동화 〈뒷간 지키는 아이〉로 제8회 소천 아동문학상 신인상을 받았습니다. 지은 책으로는 《정직맨과 고자질맨》, 《내가 진짜 기자야》, 《일곱 발 열아홉 발》, 《뒷간 지키는 아이》, 《77번지 쓰레기 집의 비밀》, 《표절 교실》, 《유전자 조작 반려동물 뭉치》, 《귀신 보는 추리 탐정, 콩(2권)》 등이 있습니다.

그림 한수언

패션 디자이너로 일하다가 그림을 그리는 일러스트레이터가 되었고, 어린이책을 비롯한 다수의 매체에 그림을 그렸습니다. 옷을 만들고 그림을 그리는 것처럼, 상상하고 만드는 것을 무척 좋아해요. 지금은 다채로운 세계 속에서 저마다 개성 있는 존재로 살아가는 이들의 이야기를 즐겁게 쓰고 있습니다. 쓰고 그린 책으로 《말풍선 대소동》, 《우리 집에 온 불량 손님》이 있고, 《해녀, 새벽이》, 《나는 나야》 외 다수 작품에 그림을 그렸습니다.

인권이 소중할 수밖에 없는 12가지 이유

김해우 글 · 한수언 그림

1판 1쇄 2024년 3월 15일

펴낸이 모계영 **펴낸곳** 가치창조

출판등록 제406-2012-000041호
주소 경기도 고양시 일산동구 중앙로 1347 쌍용플래티넘 228호
전화 070-7733-3227 **팩스** 031-916-2375 **이메일** shwimbook@hanmail.net
ISBN 978-89-6301-336-7 73300

ⓒ 김해우, 한수언 2024

- 이 책의 저작권은 저자와 가치창조 출판그룹에 있습니다.
- 저작권법에 따라 무단전재 및 복제를 금합니다.

가치창조 공식 블로그 http://blog.naver.com/gachi2012
단비어린이는 가치창조 출판그룹의 어린이책 전문 브랜드입니다.

 제조자명: 가치창조 제조국명: 대한민국 사용연령: 7세 이상
KC마크는 이 제품이 공통안전기준에 적합하였음을 의미합니다.

작가의 말

양보와 타협을 거름으로 삼는 인권

종종 주위에서 크고 작은 다툼들을 볼 때가 있어요.
친구끼리 다투거나, 가족 사이에 불화가 생기거나,
내 입장만 생각하고 타인에게 갑질을 해서 문제가 되기도 해요.
감정이 격해져서 욕설과 험담, 협박을 하기도 하죠.
나의 감정과 생각만 강조하다가 타인의 인권을 침해하는 거예요.

인권은 인간으로서 당연히 누려야 할 권리예요.
누구나 자유롭고 평등하게, 자신이 원하는 대로 살 수 있지요.
하지만 나의 인권만 생각하다 보면 자칫 이기주의로 빠질 수가 있어요.
학급 생활이나 동아리 활동을 할 때, 하기 싫은 일을 맡을 때가 있죠?
그런데도 그 일을 감수하는 건, 공동체가 원활히 돌아가야 내 삶도 안정되기 때문이에요.
가족, 학급, 나라가 튼실할 때, 나의 인권도 보장이 된답니다.
그렇기에 서로의 입장이 부딪칠 때는 양보와 타협이 꼭 필요해요.
내 인권이 소중한 만큼 타인의 인권도 소중하다는 것,
우리, 꼭 기억해요!

우리는 의도했든 의도하지 않았든 종종 다른 사람의 인권을 침해하곤 해.
별 생각 없이 내뱉은 말이 타인에게 상처를 줄 때도 있고,
일부러 차별적인 시선으로 상대방을 모욕하기도 하지.
혹시 다음과 같은 말을 들어 본 적이 있니?

"네가 맞을 짓을 했겠지!"
"넌 너무 내성적이야. 좀 활달한 성격으로 바꿔 봐."
"성적이 이게 뭐야? 이래서 대학이나 가겠어?"
"넌 여자애가 왜 그렇게 천방지축이야?"
"남자가 창피하게 우냐? 남자는 눈물을 보이면 안 돼."
"살색 크레파스 좀 빌려 줄래?"
"까만 사람이 자장면을 먹네?"

"장애우를 차별하지 맙시다!"
"그 애는 어릴 때 병을 앓고 나서 벙어리, 귀머거리가 됐어."
"우리 할아버지는 치매야."
맘충, 된장녀, 김여사.
촌뜨기, 촌놈.
결손 가족, 편부, 편모, 미망인, 불우 이웃……
돈도 없는 주제에!

인권 감수성이 뛰어난 친구는 금세 뭐가 문제인지 눈치챘을 거야.
만약 뭐가 문제인지 잘 모르겠다면, 우리 함께 인권의 의미를 하나씩 되짚어 보자.

1 인간이라면 누구나 태어나면서부터 갖게 되는 권리

'천부인권(天賦人權)'이라는 말 들어 봤니?
'누구나 태어나면서부터 저절로 갖게 되는 권리'라는 뜻이야.
인권에는 크게 생명권, 평등권, 사회권(생존권)이 있어.

생명권은 자신의 생명을 존중받으며 안전하게 살아갈 권리를 뜻해.
아무도 다른 사람의 생명을 가볍게 여기거나 함부로 해칠 수 없지.

평등권은 인종, 성별, 나이, 종교, 장애의 유무, 사회적 지위,
빈부 등에 상관없이 누구나 평등하게 대우받을 권리를 의미해.

사회권은 최소한의 의식주를 누리면서 사람답게 살아갈 권리를 말해.

생명권, 평등권, 사회권은 아주 기본적인 권리라서
잘 지켜질 것 같지만 실상은 그렇지 않은 경우가 많아.
우리 주위에는 여전히 인권을 침해받는 사람들이 있거든.

국가는 국민의 인권을 보호하기 위해 다양한 법과 제도를 만들어 운용하고 있어.
범죄를 예방하기 위해 법을 만들고, 취업에서 차별 조항을 없애도록 하고,
저소득층에게 기초생활비, 의료비, 거주 공간을 지원하고 있지.

인권의 개념이 싹튼 건 근대 이후야.
그전에는 왕이나 귀족 등 소수의 사람들을 제외한 대다수 사람들은 인권을 보호받지 못했어.
시민들이 불공평한 세상에 반발해 혁명을 일으키면서 차츰 인권에 대해 생각하게 됐지.

그러다가 제1차, 2차 세계 대전을 겪으면서 무수한 사람들이 희생되자,
인권을 보호해야겠다는 생각이 확실히 자리를 잡았어.

1948년 12월, 국제연합(UN) 총회에서는 '세계인권선언'이 채택됐어.
모든 사람이 생명을 보호받으며 자유롭고 평등하게
살아갈 권리가 있다는 것을 전 세계에 공포한 거야.

대한민국 헌법 제10조에도 '모든 국민은 인간으로서의 존엄과 가치를 가지며, 행복을 추구할 권리를 가진다.
국가는 개인이 가지는 불가침의 기본적 인권을 확인하고 이를 보장할 의무를 진다.'고 명시돼 있단다.

2. 여성도 자신의 의지대로 존중받으며 살아갈 권리가 있어

말랄라 유사프자이는 남녀 차별이 심한 파키스탄에서 태어났어.
파키스탄에서 여자는 배울 필요도 없고 집안일만 하는
하찮은 존재로 인식되었지.
이슬람 극단주의 단체인 탈레반이 파키스탄을 점령하면서
여성에 대한 억압은 더 심해졌어.

말랄라는 비참한 생활을 기록한 일기를 웹사이트에 올리고, 여성도 교육을 받을 권리가 있다고 주장했어.
그러다가 통학 버스 안에서 탈레반이 쏜 총에 맞아 큰 부상을 당했어.
가까스로 생명의 위기를 넘긴 말랄라는 지금도 여성 인권을 위해 활동하고 있어.

파키스탄뿐만 아니라 인도, 터키, 스리랑카, 에티오피아 같은 곳에서는
아직도 여성에 대한 납치, 학대, 성폭행이 빈번하게 일어나고 있어.
명예살인이나 지참금 살인, 강제 결혼 같은 나쁜 인습도 남아 있고.
여성을 자신의 의지대로 살아가는 평등한 존재로 인정한다면
이런 나쁜 인습도 사라질 텐데, 참 안타까운 일이야.

독일에서는 불꽃놀이를 즐기던 여성들이 성추행을 당하는 일이 벌어졌는데,
쾰른시 시장이 여성들의 옷차림과 행동이 범죄를 유발한다고 지적하는 바람에 반발을 샀어.
네덜란드 남자들이 미니스커트를 입고 거리로 나와
'성추행은 여성들의 잘못이 아니다. 남자들의 행동이 문제'라고 외치면서 시위하기도 했지.

우리나라에서도 간혹 여성들이 데이트 폭력이나
성희롱, 몰카 등의 범죄 피해를 입을 때가 있어.
임신과 육아 때문에 직장에서 불이익을 당하는 일은 훨씬 더 많지.

최근에는 남성들이 오히려 역차별을 당한다고 호소할 정도로 여성의 인권이 많이 향상되었어.
하지만 세계 곳곳에서는 여전히 여성을 독립적인 인격체로 존중하지 않고
함부로 인권을 침해하는 일이 비일비재하단다.
차이는 인정하되 차별하지 않는 양성평등 사회, 하루빨리 이루어졌으면 좋겠어.

3. 어린이는 마음껏 뛰놀고 공부하고 미래를 꿈꿀 자격이 있어

아프리카 콩코에 사는 8살 조나단은 광산에서 하루에 12시간씩 일을 해.
고사리 같은 손으로 광산에 쌓인 돌에서 코발트를 채취하고 있지.
코발트는 친환경 전기차의 배터리를 만드는 데 필요한 재료야.
조나단은 학교에도 못 가고 맘껏 뛰놀지도 못해.
일하다가 관리자한테 폭행을 당하기 일쑤지.
이렇게 힘들게 일해서 버는 돈은 하루에 고작 천 원이야.

파키스탄에 사는 9살 이크발은 카펫 공장에서 하루 10시간 이상 일을 해.
아버지가 빚을 갚으려고 4살 때 이크발을 공장에 팔았거든.
촘촘히 매듭을 짓고 카펫을 만드느라 두 손은 쉴 틈이 없고
허리도 제대로 펴지 못하지만, 빚은 계속 불어나기만 해.
공장 주인의 학대도 견디기 힘들어. 고된 노동의 대가는 하루에 겨우 24원이야.

인도에 사는 11살 자히드는 하루 종일 쪼그려 앉아서 축구공을 만들어.
32조각의 가죽을 일일이 손으로 꿰매서 동그란 축구공을 만드는 건 보통 일이 아니야.
눈도 침침하고 허리도 아프고 손가락의 지문도 거의 지워졌어.
벌써 5년째 이 일을 하고 있는데, 언제쯤 힘든 노동에서 벗어날 수 있을까?
자히드는 이제껏 축구공을 가져 본 적이 없어.

우리나라는 아동 인권에 대한 관심이 높은 편이야. 하지만 아직도
아이를 학교에 보내지 않거나 최소한의 의식주도 제공하지 않은 채
버려두는 사람들이 있어. 또 아이들을 폭행하고 학대하기도 하지.
어린이는 의사 표현력이 부족하고 어른들에게 의존적이기 때문에
학대를 당해도 부당함을 알리기 힘들어.
이런 점을 악용해서 아동의 노동력을 착취하거나 학대를 일삼는 거지.
어린이는 어른들의 필요에 따라 이용당하는 존재가 아니야.
마음껏 공부하고 뛰어놀면서 미래를 꿈꿀 권리가 있어.
그래야 몸도 마음도 건강한 어른이 돼서 세상을 더 좋은 곳으로 만들 수 있지!

4 노인도 자아실현을 하며 행복을 추구할 권리가 있어

올해 75세인 김문식 씨는 요즘 사는 낙이 없어.
계속 일자리를 알아보고 있는데 번번이 거절당했거든.
아파트 단지 안에서 택배 나르는 일을 하려고 했지만
주민들의 반대로 못 하게 됐어.
노인이 택배를 나르면 보기 안 좋다는 게 이유였어.
경비직에도 지원했지만 나이가 많아서 안 된대.

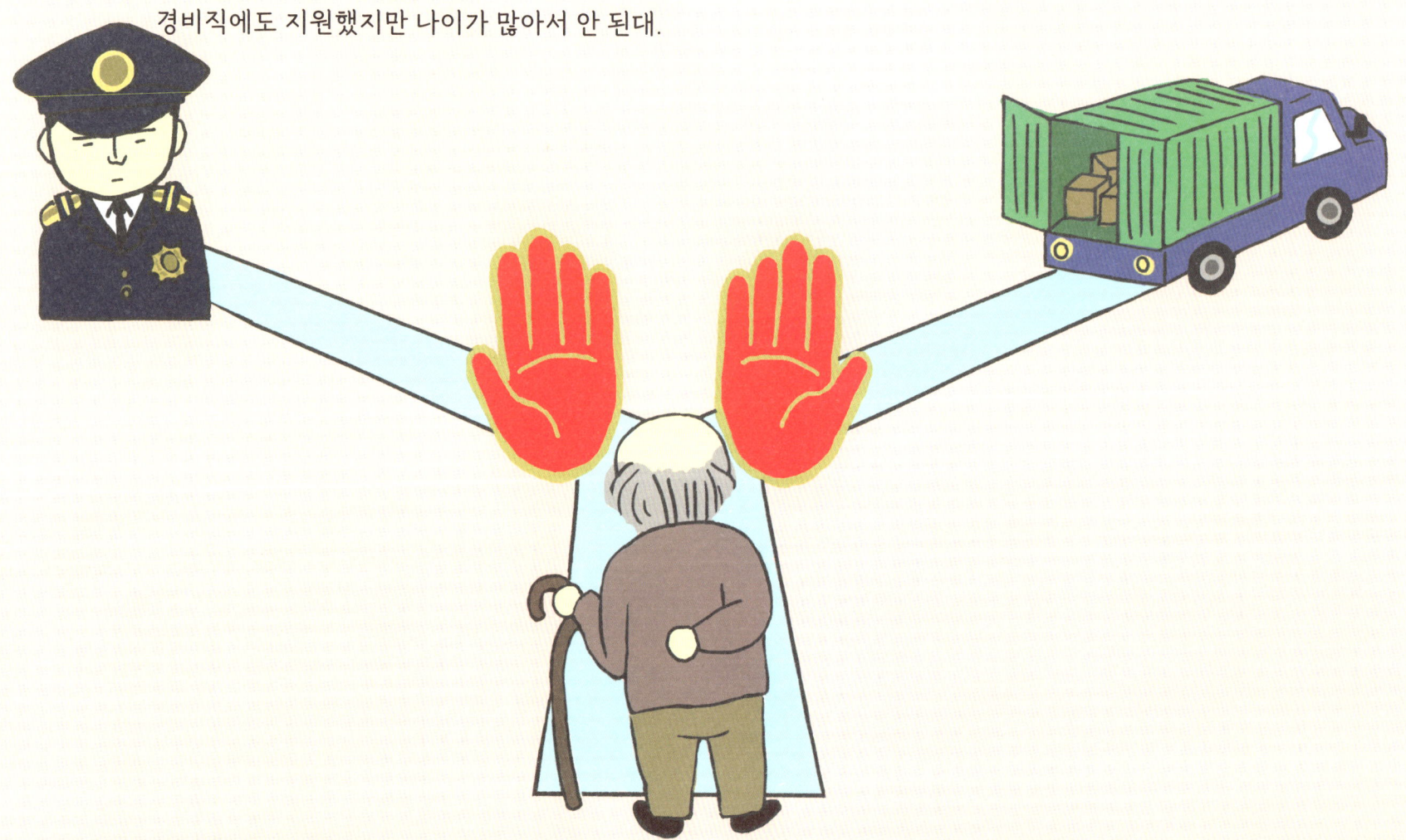

며칠 전에 어떤 청년이 하는 말을 들은 뒤부터는 지하철 타는 것도 꺼려져.
'공짜 지하철 타고 한가하게 놀러 다니는 연금충'이라는 말을 듣고 얼마나 낯이 뜨겁던지!
언젠가는 택시를 타려다가 노인네라고 승차 거부를 당하기도 했어.

김문식 씨는 세상살이가 서러워서 한숨이 나왔어.
아픈 데 없이 건강하니까 얼마든지 일할 수 있는데 세상은 도통 기회를 주지 않잖아?
돈을 벌어 여가생활도 하고 행복하게 살고 싶은데 답답하기만 해.

우리나라는 노인 빈곤률이 OECD 국가 중 최상위야.
일자리가 없으니 경제적으로 힘들고,
그 때문에 건강을 챙기거나 문화생활을 할 여유도 없어.

또 핵가족화로 혼자 사는 노인들이 증가하면서 가족 간에 대화가 부족하고 세대 갈등이 커지고 있어. 게다가 요즘은 정보화가 급속히 진행되고 있잖아? 컴퓨터도 없던 시대에 살았던 노인들로서는 젊은 사람들과의 소통에 어려움을 겪을 수밖에 없지.

그나마 건강한 노인은 나은 편이야.
육체적, 정신적으로 병든 노인들은
가족에게 버려지거나 학대를 당하기도 해.
요양시설에 맡겨진 노인들 중에는
비인간적인 대우를 받으며 사는 사람도 있어.

노인도 자아실현을 하며 행복을 추구할 권리가 있어. 그러기 위해서는 정부나 지역사회에서 노인에게 일자리를 제공하고, 여가생활을 할 수 있도록 다양한 문화공간을 마련해 줘야 해.

거동이 불편하고 의사 표현을 제대로 못 하는 노인들을 위해서 양질의 서비스를 제공하는 복지시설도 늘려야 해.
하지만 무엇보다 중요한 건 노인에 대한 존중과 배려야.
살아온 환경이 다르기 때문에 세대 간에는 생각의 차이가 있을 수 있어.
생각이 다르다고 해서 노인을 폄훼하거나 혐오하는 것은 옳지 않아.
나이가 많고 병들었다는 이유로 멀리하는 것도 잘못이지.
노인은 인권을 존중받으며 행복하게 살 권리가 있어.
그리고 언젠가는 우리도 모두 노인이 된단다.

5 장애인도 불편함 없이 평등하게 살 권리가 있어

지체 장애를 앓고 있는 영우는 집 근처에 장애인 시설이 세워진다는 소식을 듣고 기뻤어.
지금 다니는 학교는 차로 왕복 네 시간이나 걸리거든. 학교에 갔다 오면 엄마랑 영우는 녹초가 돼.
그런데 얼마 전부터 주민들이 '장애인 시설 결사 반대!'를 외치며 시위를 하기 시작했어.
장애인 시설이 들어오면 집값이 떨어지고 범죄가 늘어날 거라는 게 이유였어.
영우는 사람들이 자신을 잠재적 범죄자로 보고 혐오스럽게 생각한다는 걸 알고 굉장히 속상했어.

장애인은 신체적, 정신적인 장애로 일상생활에서 불편을 겪는 경우가 많아. 그래서 국가에서는
장애인들이 불편함 없이 생활하도록 엘리베이터나 경사로, 점자블록 등의 편의시설을 설치하고 있어.
맞춤 교육을 제공하기 위해 장애인 학교를 세우고, 기업이 장애인을 위해 일자리를 늘리도록 장려하고 있지.
또 의료비나 생계비를 지원하는 등 사회보장제도를 손보고 있어.
하지만 무엇보다 비장애인들의 인식이 바뀌는 게 가장 중요해.
장애가 있다고 해서 멀리하는 것도 옳지 않지만, 무조건 동정하고 베풀려는 태도도 바람직하지 않아.
장애인을 편견 없이 동등하게 대하되, 만약 도움을 요청하면 기꺼이 도와주는 자세가 필요해.
장애는 사고나 질병으로 누구에게나 찾아올 수 있어.
장애인도 인간으로서 존엄성을 누리며 불편함 없이 살 권리가 있단다.

6 피부색과 인종이 달라도 존중받아야 해

다은이는 베트남 출신인 엄마를 닮아 피부색이 진한 갈색이야.
그 때문에 어릴 때부터 친구들한테 놀림을 많이 받았어.
학년이 올라가면 괜찮을 줄 알았는데 오히려 더 심해졌어.

친구들은 다은이를 생일 파티에 잘 초대하지 않아.

모둠 수업을 할 때나 체육 시간에도 은근히 따돌리는 것 같아.

다은이는 얼마 전 끔찍한 뉴스를 보고 나서 걱정이 더 많아졌어.
자신과 같은 다문화 가정의 아이가 친구들한테 폭행을 당해서 크게 다쳤다는 뉴스였어.

인종과 피부색이 다른 게 죄도 아닌데 사람들은 왜 그러는 걸까?

우리나라도 점차 인종이 다양해지고 있어. 국제결혼을 통해 한국에 정착한 사람들도 있고, 한국 기업에 취직한 외국인 근로자들도 있지. 한국에 유학을 왔다가 정착한 사람들도 있어. 자연스럽게 피부색과 인종이 다른 다문화가정의 아이들도 많아졌어.

인종, 국적, 피부색에 따라 사람을 차별하는 건 옳지 않다는 걸 알면서도, 사람들은 알게 모르게 차별을 하고 있어. 특히 백인보다는 동남아 사람들에 대한 차별이 심하지. 외국인 근로자 중 일부는 장시간 노동에 시달리면서도 값싼 임금을 받고 고용주에게 학대를 당하기도 한대. 일하다 다쳤는데도 제대로 치료를 못 받는 경우도 있지.

정부에서는 한국에 정착한 외국인들을 돕기 위해 여러 제도를 운용하고 있어.
한국어를 배울 수 있도록 지원하거나, 서로의 문화를 이해할 수 있게
다양한 프로그램들을 만들고 있지.
하지만 정부의 노력과 별개로, 편견 없이 사람을 대하는 개개인의 태도가 더 중요해.

우선 나 자신부터 돌아보자. 나보다 피부색이 어두운 사람을 멀리하거나 폄훼하지는 않았는지,
우리나라보다 가난한 나라에서 온 사람들을 무시하지는 않았는지 말이야.
나와 다름을 인정하고 존중하는 것, 그게 바로 인권을 존중하는 길이야.

7. 난민은 인도주의적 측면에서 존중받아야 해

2018년, 제주도에 5백여 명의 예멘인들이 난민 신청을 하는 바람에 사회문제가 된 적이 있어.
난민 수용을 반대하는 사람들은 난민들이 범죄를 저지를 우려가 있고
취업을 목적으로 한 위장 난민일 수도 있다고 생각했어.
극단적인 이슬람 무장단체가 세계 곳곳에서 테러를 일으키다 보니,
이슬람 난민들에 대한 시선이 곱지 않았던 거야.
반면에 난민 수용을 찬성하는 사람들은 이슬람에 대한 편견을 버리고
인도주의적인 측면에서 도와야 한다고 주장했지.

'난민'은 인종, 종교, 정치적 견해가 다르다는 이유로 자신이 살던 나라에서 박해를 받을 위험이 있거나,
전쟁이나 천재지변으로 인해 살던 곳을 탈출해 다른 나라에 망명을 신청한 사람이야.
예멘뿐만 아니라 여러 독재 국가에서 체제에 반대하는 사람들에게 인권 탄압을 자행하고 있어.

우리나라도 과거 군사독재 시절에는
정권에 반대하는 사람들을 고문하고
가두고 죽이기까지 했지.

탈북자 역시 난민이라고 할 수 있어.
북한 체제에 반대했다가 생명의 위협을 느꼈거나
가난을 벗어나기 위해 목숨을 걸고 탈출한 사람들이거든.
탈북자들은 같은 민족이지만 살아온 환경이 달라서
한국 사회에 적응하는 데 애를 먹는다고 해.

우리나라는 난민 심사가 굉장히 엄격해서 실제로 난민 지위를 인정받는 사람은 극소수야.
난민은 자신의 잘못보다는 외부적인 요인 때문에 고국을 떠날 수밖에 없었어.
그런 사람들에게 도움의 손길을 내미는 것은 인도주의적 측면에서 당연한 거지.
선입견이나 편견을 버리고 난민이 잘 정착할 수 있게 도와주는 자세가 필요해.

8 성 소수자도 사회 구성원으로서 당당하게 살아갈 권리가 있어

민지는 남성에서 여성으로 성전환을 하고,
주민등록번호도 새로 발급받아 법적으로 여성이 됐어.
그리고 여대에 지원해서 합격까지 했지.
하지만 교내외에서 입학을 찬성하는 사람과 반대하는 사람들이
팽팽히 맞서면서 갈등이 빚어졌어.
찬성하는 쪽에서는 법적으로 여성이기 때문에 원하는 곳에서 공부할
권리가 있다고 주장했고, 반대하는 쪽에서는 성전환 수술을 받았어도
여성으로 인정할 수 없다며 혐오 발언을 쏟아냈어.
결국 민지는 고심 끝에 입학을 포기하고 말았어.

대부분의 사람은 자신과 다른 성을 사랑하는 이성애자야.
남성은 여성에게, 여성은 남성에게 호감을 느끼지.
하지만 세상에는 트랜스젠더, 동성애자, 양성애자, 무성애자 등
남다른 성 정체성을 가진 사람들이 있어.
이런 성 소수자들은 가족이나 친구한테도 이해받지 못하고
이상한 사람으로 생각되는 경우가 많아.
주위 사람들에게 따돌림을 당하고 폭력에 시달리기도 하지.
차별과 혐오의 시선을 감당할 자신이 없어서 대부분은
자신의 성 정체성을 숨기고 살아가.
성 소수자도 차별 없이 당당하게 살아갈 권리가 있어.
다르다고 해서 멀리하거나 혐오할 게 아니라,
함께 어우러져 살아갔으면 해.

9 누구나 생계 걱정 없이 행복하게 살아갈 권리가 있어

생활고에 시달리다가 일가족이 함께 목숨을 끊었다는 뉴스, 배고픔을
견디지 못해 마트에서 식료품을 훔친 사람에 대한 뉴스를 한번쯤 들어 봤을 거야.
살아가는 데 필수적인 의식주를 해결하지 못하는 건 정말 고통스런 일이야.
빈곤에 내몰리면 아파도 병원에 갈 수가 없고, 육체적으로 건강하지 못하면
우울증, 스트레스 등 정신적인 고통을 겪을 수 있어.
돈이 없어서 공부를 제대로 못 할 경우 학력 차가 생기고,
그로 인해 취업에서도 불이익을 받을 수 있지.
좋은 직장에 취직하지 못하면 또다시 경제적인 어려움에 처하는 악순환이 반복돼.
결국 빈곤 때문에 생명권, 평등권, 사회권 같은 인권에도 제약이 생기는 거지.

국가는 이러한 불평등을 해소하기 위해 무상 의무교육, 의료보험 혜택,
임대주택 공급, 최저생계비 보장, 무료 법률 서비스 등
각종 사회보장 제도를 만들어 운용하고 있어.

요즘엔 생활고에 시달리는 절대적인 빈곤보다 상대적인 빈곤 문제가
더 심각한 것 같아. 끊임없이 나와 남을 비교하고,
나보다 부유한 사람들에게 상대적인 박탈감을 느끼는 거지.
어떤 사람들은 돈이 많고 사회적인 지위가 높다는 이유로
그렇지 않은 사람들에게 갑질을 하고 함부로 대하기도 해.
돈이 많으면 살아가는 데 편리할 수는 있지만,
빈부에 따라서 인권의 가치가 달라지는 건 아냐.
인간은 누구나 똑같이 소중한 존재란다.

10 환경 보호도 인권을 지키는 길

언젠가부터 우리나라는 심한 미세먼지에 시달리고 있어. 산업화가 진행되면서 공기 중에
각종 오염물질이 배출되는 데다, 특히 중국에서 날아오는 미세먼지가 아주 심각하거든.
중국에 밀집된 공장에서 오염물질을 제대로 여과하지 않고 뿜어내고 있기 때문이야.
미세먼지에는 인체에 해로운 성분이 많아서 호흡기 질환이나 혈관 질환, 암 등을 유발할 수 있어.
화학 비료를 과다 사용하거나, 공기 중의 매연이 비에 젖어 땅으로 스며들면 토양도 오염돼.
오염된 땅에서 자란 농작물을 섭취하면 당연히 건강에도 해롭겠지?
바다 오염도 심각한 상황이야. 예를 들어, 우리가 버린 플라스틱이 바다로 흘러가면
오랜 시간에 걸쳐 이리저리 휩쓸리고 부딪혀서 아주 잘게 쪼개져.
이런 미세플라스틱을 작은 바다 생물이 먹고, 먹이사슬을 따라 더 큰 물고기한테로 옮겨지는 거야.
그러다가 결국은 인간의 몸속으로 들어오는 거지.
환경을 보호하는 것이 바로 인권을 지키는 길이야!

11 동물 복지도 인권을 지키는 길

얼마 전 살충제 계란 문제로 온 나라가 시끌시끌했어. 닭의 몸에 기생하는 벌레나
진드기를 잡을 때 쓰는 살충제 성분이 계란에서 검출되면서 비상이 걸린 거야.
살충제 계란을 먹으면 인체에 해로울 게 뻔하니까.
가끔 소나 양, 돼지한테 구제역이라는 전염병이 발생하기도 해.
닭이나 오리한테는 조류독감이라는 전염병이 퍼질 때가 있는데,
이 병은 사람에게도 감염을 일으킬 수 있어서 조심해야 해.
안타까운 건, 일단 전염병이 발생하면 멀쩡한 동물도 전부 살처분해야 한다는 거야.
고통스럽게 떼죽음을 당하는 동물들을 생각하면 정말 끔찍한 일이지.

살충제 파동이나 구제역, 조류독감이 광범위하게 발생하는 건
동물이 살아가는 환경과 밀접한 관련이 있어.
좁고 지저분한 사육장에 갇혀 있는 동물은 스트레스를 받을 수밖에 없고,
그런 상황에서 전염병이 돌면 삽시간에 번져 나가거든.
식용으로 동물을 키우는 건 어쩔 수 없지만 살아있는 동안에는
좀 더 쾌적한 공간에서 지내도록 했으면 좋겠어.
동물 복지에 관심을 갖는 것이 결국은 사람의 건강과 인권을 지키는 길이야.

12 인터넷은 수많은 사람들이 살아가는 공간이야

가수 A는 자신을 향해 쏟아지는 악성 댓글과 근거 없는 비방,
욕설 때문에 극심한 스트레스를 받았어.
사람들은 차마 입에 담지 못할 말들로 A를 공격했어.
A가 사실이 아니라고 말해도 좀처럼 믿으려고 하지 않았어.
가만 보니, 사람들은 자신의 열등감과 스트레스를
만만한 A에게 쏟아내는 것 같았어.
우울증에 시달리던 A는 안타깝게도
스스로 목숨을 끊고 말았지.

어느 날 B는 단톡방에 초대돼서 들어갔어. 낮에 친구랑 사소한 말다툼을 했는데,
단톡방에 있던 아이들은 친구의 말만 듣고 B를 비난하고 욕설을 퍼부었어.
참다못한 B는 단톡방에서 나왔어.
하지만 아이들은 자꾸만 B를 단톡방에 초대하고 괴롭혔어.
B는 죽을 만큼 괴로웠지만 아이들은 새로운 놀잇감이라도 생긴 것 같았지.

사람들은 유튜브, 페이스북, 인스타그램, 트위터, 밴드, 카카오톡 등
다양한 SNS를 통해 정보를 나누고 생각과 감정을 교류해.
인터넷은 시간과 공간의 제약 없이 세계 여러 나라의 사람들과 소통할 수 있다는 장점이 있지만 그만큼 단점도 많아.
어떤 사람들은 포털사이트에 악성 댓글을 다는 등 익명성 뒤에 숨어서 다른 사람을 음해하고 헛소문을 퍼뜨려.
얼굴을 마주 보고는 차마 할 수 없는 욕설로 상대방에게 모욕을 주기도 하지.
그런 면에서 인터넷은 인권 침해가 가장 빈번하고 심하게 일어나는 공간이야.
또 인터넷에 올린 개인정보가 노출돼서 사생활을 침해당하는 경우도 많아.
개인정보가 범죄에 이용당하는 경우도 있지.

우리는 매일 인터넷을 통해 생각과 감정이 있는 무수한 사람들을 만나고 있어.

하지만 스마트폰과 컴퓨터 같은 딱딱한 기계 앞에서 그 사실을 자꾸 잊게 되는 것 같아.

내가 존중받기를 원하듯 다른 사람들도 존중받기를 원해.

그러니 인터넷을 사용할 때는 타인의 인권을 해치지 않도록 조심해야겠지?

인권 감수성을 키우자!

인권 감수성은 어떤 상황에 처했을 때 그것이 인권을 침해하는지 아닌지
민감하게 받아들이는 능력을 뜻해.
인권 감수성이 뛰어난 사람은 타인의 인권을
침해하지 않으려고 노력하고,
자신이 인권 침해를 당했을 때
제대로 대처할 수 있어.
'인권'에 대해 공부하고 조금만 주의를 기울이면
누구나 인권 감수성을 높일 수 있지.

국가인권위원회

'국가인권위원회'는 국민 개개인의 인권을 보호하고
향상하기 위해 설립된 기구야.
인권 침해를 당했거나 개선하고 싶은 게 있을 때는
국가인권위원회에 상담을 의뢰하고 해결할 수 있어.
국가인권위원회를 통해 개선된 사례로 색깔을 나타내는 '살구색'이 있어.
예전에는 '살색'으로 표현했는데, 사람의 피부색은
검은색, 황색, 흰색 등 다양하잖아.
'살색'이란 표현이 자칫 인종차별로 비칠 수가 있었지.
그래서 '살구색'으로 정정하기로 한 거야.

국제앰네스티

'국제앰네스티'는 인간의 존엄성을 해치는 위협으로부터
전 세계인의 인권을 보호하기 위해
활동하는 국제인권단체야.
언론과 종교에 대한 탄압, 반체제 인사들에 대한
투옥과 고문, 전쟁으로 인한 민간인 학살, 여성 차별,
성 소수자 차별, 난민, 사형, 빈곤 등으로 인한
인권 침해를 해결하기 위해 노력하고 있어.